AF253955

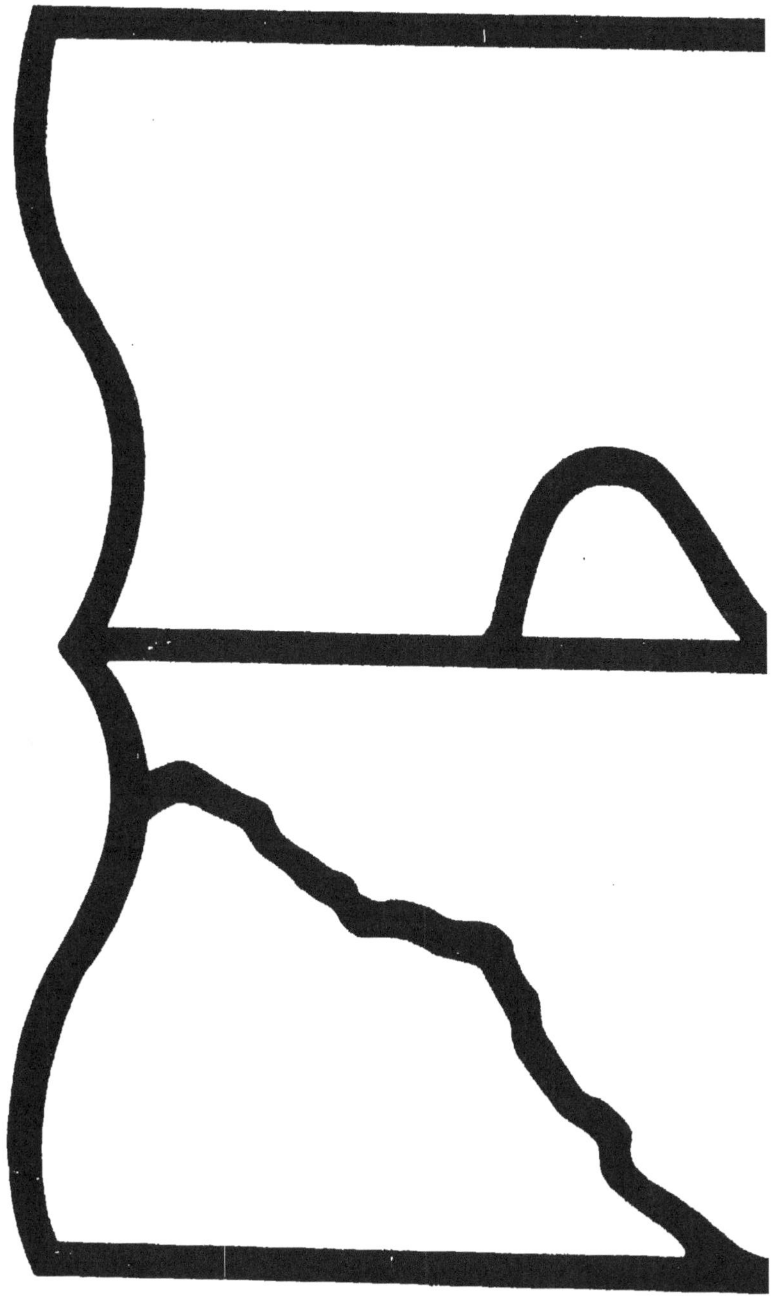

HISTOIRE DE LA VILLE

DE

SAINT-NICOLAS,

Par X. MAIRE,

MEMBRE DE L'UNIVERSITÉ.

OUVRAGE ORNÉ D'UNE BELLE GRAVURE.

SE TROUVE :

A St-Nicolas, chez P. TRENEL, Imprimeur-Éditeur.
A Nancy, chez Melle GONET, Lib., rue des Dominicains.
A Lunéville, chez Mme v^e GEORGE, Lib., Grande-Rue.

1846.

SAINT-NICOLAS (MEURTHE), IMP. DE P. TH

AVIS DE L'ÉDITEUR.

Un des défauts de l'éducation actuelle est de saturer la mémoire des enfants de tous les événements les moins importants de l'histoire des peuples les plus anciens et les plus éloignés de nos contrées, et de leur laisser ignorer ce qui s'est passé dans leur propre pays. Qui d'entre nous ne connaît la destruction de Jéricho, les aventures de Jonas, la prise de Rome par les Gaulois, et cependant, nous ne savons que par de vagues traditions les maux affreux qui accablèrent notre pays, il y a deux siècles à peine. Nous avons entendu ces récits, bercés sur les genoux de nos aïeux, qui étaient presque les contemporains de ces événements ; néanmoins les documents nous manquent, pour ainsi dire, au sujet de ces malheurs, qui surpassèrent, au dire d'un chroniqueur du temps, les horreurs même du siége de Jérusalem. Nous avons cru faire plaisir à nos concitoyens en narrant, le plus succinctement possible, l'histoire de St-Nicolas. Il serait à désirer que les faits qui se sont passés dans chaque localité un peu importante, fussent bien connus des habitants, et que l'histoire de chaque ville pût servir en quelque sorte d'abécédaire aux enfants ; ils apprendraient ainsi, ce qu'il est honteux d'ignorer, les événements les plus remarquables des lieux qui les ont vu naître ; et devenus hommes, ils n'auraient pas à rougir, lorsqu'un étranger leur demande quelques renseignements sur les monuments de leur propre localité. Ces petits résumés deviendraient aussi un objet assez important pour qu'on pût les offrir en présent aux personnes qui viendraient nous visiter. C'est dans cette intention que nous avons apporté tous nos soins à la bonne exécution de ce petit opuscule, et que nous n'avons reculé devant aucun sacrifice pour contenter nos concitoyens.

P. TRENEL.

St-Nicolas, le 20 mai 1840.

HISTOIRE DE LA VILLE

DE

SAINT-NICOLAS.

L'origine de Saint-Nicolas-de-Port ne remonte pas à une haute antiquité. Il est cependant probable que les Romains y eurent quelque poste militaire ; en effet, la position du territoire de cette ville placée à un point où la vallée de la Meurthe se trouve très-resserrée , et à peu de distance de l'embranchement du bassin du Sanon avec celui de la Meurthe, devait engager les soldats du peuple-roi à s'y établir militairement. Au haut de la côte d'Armont, on rencontre fréquemment des débris de constructions romaines ; et de cette position, on pouvait facilement correspondre avec Manoncourt et la côte de Ste-Geneviève, où l'on sait qu'il exista des forteresses bâties par les conquérants des Gaules. Quoi qu'il en soit, rien ne prouve que les Romains aient eu des établissements à l'endroit même où se trouve la ville actuelle. Cette

cité portait primitivement le nom de *Port*, probablement à cause de sa position sur les bords de la
Meurthe ; elle avait donné son nom à un canton qu'on
appelait *Portois*. Au dixième siècle, c'était un prieuré
et un hameau composé d'une métairie dépendant de
Varangéville, et de quelques maisons construites sur
les bords de la rivière, destinées à contenir les marchandises que l'on débarquait. Aucun document n'in-
dique qu'à cette époque, il y eut déjà un commerce
bien établi.

Un pieux larcin fut l'origine de la prospérité du hameau de Port. Des marchands de Barri, petite ville
au sud de l'Italie, avaient dérobé à Myrrhe, en
Lycie, les reliques de saint Nicolas ; au onzième
siècle, un gentilhomme Lorrain étant allé à Barri, en
rapporta une phalange du doigt de ce saint.

Suivant les légendaires, saint Nicolas naquit à
Patare, en Lycie. On a peu de détails sur les prin-
cipaux faits de sa vie ; on sait seulement qu'il assista
au célèbre concile de Nicée, où fut composée la
profession de foi catholique connue sous le nom de
Symbole de Nicée, et qu'il mourut vers l'an 326.
Quoi qu'il en soit, la renommée de ce saint grandit
dans l'Orient, et avec les croisades, se répandit dans
toute l'Europe. Les peuplades russes, dans leurs
rapports avec les Orientaux, y puisèrent leur vénération pour saint Nicolas, et aujourd'hui, il est consi-

déré comme le protecteur du vaste empire de Russie. On attribue à ce saint de nombreux miracles, et les nautonniers l'invoquent encore de nos jours, au moment du danger, quoiqu'on ne puisse raisonnablement dire pourquoi ils l'ont choisi pour patron.

La phalange du doigt de saint Nicolas, apportée par le gentilhomme Lorrain, fut déposée dans une chapelle dédiée à la Vierge, et construite alors au milieu d'un bois. Cette relique attira bientôt de nombreux pélerins de toutes les parties de la Lorraine; la renommée de ses vertus miraculeuses se répandit au loin, et la petite chapelle de Notre-Dame fut honorée d'une foule de visiteurs. Le prieur de Varangéville, voyant cette affluence, fit, en quelque sorte, une succursale de cette chapelle, et quelques années après, un prieuré y fut établi et on y plaça quelques religieux.

En 1101, à la place de la chapelle, on bâtit une église capable de contenir la foule des fidèles qui arrivaient sans cesse. Cette affluence de pélerins donna occasion de construire quelques maisons autour de cette nouvelle église, et on y établit un petit commerce de cornets de verres et de médailles de saint Nicolas, dont se munissaient tous les pélerins. Les prieurs se réservèrent le droit de cette vente et ne l'accordèrent qu'à certains marchands, moyennant une rétribution. Le nombre des pélerins augmentait sans cesse ; à leur retour vers leurs foyers, ils se réunissaient sous la bannière de saint Nicolas, et partaient sous cette protection, en chantant de pieux cantiques. Le commerce de ces bannières devint fort considérable; car l'on voit dans les anciens documents que l'abbé de Gorze, de qui dépendait l'église et le prieuré de Port, s'était réservé le droit exclusif de faire vendre ces étendards. Aujourd'hui, que l'esprit religieux qui animait nos ancêtres, s'est beaucoup affaibli, et que les pélerinages sont devenus des parties de plaisir, c'est à peine si l'on vend encore aux pélerins des Vosges quelques bouquets de clinquant ; mais en revanche, il se fait, à la Pentecôte, un grand commerce de sifflets, qui probablement ont remplacé les cornets de verre que l'on y vendait autrefois.

Telle fut l'origine du pélerinage de St-Nicolas et le commencement de la splendeur commerciale de cette ville. La réunion des pélerins ne pouvait manquer d'attirer de nombreux marchands, assurés qu'ils étaient du débit de leurs marchandises. Les ducs de Lorraine, toujours prudents et désireux de faire le bien de leurs sujets, prirent les commerçants sous leur protection ; car à ces époques de rapines féodales, rien n'était plus précaire que la position des marchands ambulants, exposés sans cesse aux attaques des gens de guerre et aux emprunts forcés des seigneurs sur le territoire desquels ils allaient s'établir momentanément. En établissant la franchise des foires de St-Nicolas, les princes Lorrains firent preuve d'intelligence politique , et procurèrent à cette petite ville d'énormes bénéfices , qui bientôt la rendirent la plus riche cité de la Lorraine.

En 1265, Ferry III , duc de Lorraine , affranchit les habitants de St-Nicolas, en les plaçant sous la loi de Beaumont, octroyée en 1182, par Guillaume de Champagne , cardinal, archevêque de Rheims. Par cette loi, Ferry accordait aux bourgeois l'usance d'une partie de son domaine seigneurial, toutefois en se réservant le domaine direct. Les bourgeois ne furent d'abord que simples usagers des communaux ; mais , dans la suite, une longue possession les fit admettre à en partager la propriété avec les seigneurs.

Au commencement du xive siècle , dans la première église de St-Nicolas, on voyait suspendues aux piliers d'énormes chaînes, qui avaient appartenu, dit-on, à des croisés délivrés des mains des Musulmans, par la protection du saint. On y voyait, entr'autres, celles de Conon de Réchicourt, tiré de sa prison, suivant une légende, la veille de la fête de saint Nicolas. Voici ce que la tradition rapporte à ce sujet. Dans la nuit du 5 décembre , les cloches sonnèrent à toute volée , sans que personne fût là pour les mettre en branle ; le prieur, réveillé dans son premier sommeil, envoya s'informer de la cause de ce joyeux carillon ; le messager trouva sur le parvis du temple un homme agenouillé, mal vêtu et chargé de fers pesants. Lui ayant demandé qui il était et la cause de tant de bruit, l'étranger lui répondit qu'il était le sire de Réchicourt, transporté à l'instant même de la Palestine à St-Nicolas. L'envoyé raconta au prieur ce qu'il avait appris. Le prieur, nouveau saint Thomas, refusa de croire à un tel miracle. Le messager vint faire part au sire de Réchicourt des doutes de son maître : allez dire à celui qui vous envoie, répondit le pèlerin, qu'il est aussi vrai que je suis le seigneur de Réchicourt, qu'il a rêvé que des rats rongeaient les cordons de sa chaussure. A une révélation aussi inattendue, le prieur sauta à bas de son lit, réunit les habitants que la curiosité avait attirés autour de l'église, et fit faire une procession où le chevalier assista encore chargé de ses chaînes. Depuis cette époque, tous les ans, le 5 décembre, on renouvelait cette cérémonie, à la lueur des flambeaux. Un homme accablé, sous le poids d'énormes chaînes, représentait le sire de Réchicourt, et, après la procession, on suspendait les fers aux piliers, où ils sont ainsi restés jusqu'à la révolution de 89.

En 1331, la ville de St-Nicolas avait déjà acquis une certaine importance commerciale ; car, à cette époque, le duc Raoul, en fondant la collégiale St-Georges à Nancy, avait attaché au cloître de cette église une confrérie dite des *Merciers*. Les maîtres-merciers ou *Marchands* de chaque commerce de Nancy, de St-Nicolas et Rosières-aux-Salines, devaient s'y réunir et désigner cinq d'entre eux : deux de Nancy, deux de St-Nicolas, et le cinquième dans l'une des trois villes indistinctement. Le doyen de St-Georges choisissait un roi des merciers parmi les cinq élus. Ce roi des merciers avait pour lieutenants deux merciers de Nancy et deux de St-Nicolas. Le duc Raoul permit aussi à des familles de Lombards de s'établir à St-Nicolas, en leur réservant la faculté de pouvoir se retirer, en temps de guerre, dans la ville forte de Rosières-aux-Salines.

Quoique la ville de St-Nicolas n'eût point de fortifications, elle n'en fut pas moins exposée plusieurs fois aux ravages occasionnés par les guerres fréquentes qui désolaient la Lorraine. En 1444, Alexandre, fils naturel de Jean, duc de Bourbon, qui s'était emparé de la forteresse de la Mothe, vint surprendre St-Nicolas, à la tête d'une troupe d'aventuriers ; à son retour, poursuivi par les Lorrains, il fut atteint près de Langres, et forcé de rendre le butin dont il s'était emparé.

La renommée des miracles et des vertus de saint Nicolas était déjà répandue au loin ; les monarques venaient eux-mêmes vénérer ses reliques ou envoyaient de riches présents. En 1254, le sire de Joinville vint déposer dans l'église un vaisseau en argent du poids de cinq marcs, sur lequel était gravé le portrait de saint Louis, de son épouse et de ses trois fils. C'était, dit le sire de Joinville dans ses Mémoires, pour accomplir un vœu fait par la reine, pendant une horrible tempête qui avait mis la vie du roi et la sienne dans le plus grand danger. En 1444, le roi Charles VII, vainqueur des Anglais, avec l'aide de Jeanne-d'Arc, la bergère de Domremy, vint, avec le dauphin et plusieurs seigneurs de sa cour, faire un pélerinage à St-Nicolas et remercier le saint de la protection qu'il lui avait accordé. A cette occasion, il octroya de nombreux privilèges aux habitants de la ville.

Pendant la guerre entre le duc de Bourgogne et René II, St-Nicolas fut le théâtre de plusieurs événements. En 1475, le duc René, avant de partir pour l'Allemagne où il allait chercher des secours, entendit la messe dans l'église de St-Nicolas; pendant qu'il était occupé à prier, une femme s'approcha de lui, lui glissa une bourse qui contenait 400 florins et se retira sans que le prince eût le temps de la remercier.

La nuit du 26 au 27 décembre 1476, le capitaine Malhortie, qui commandait la garnison de Rosières, vint surprendre les Bourguignons que la faim et le froid forçaient à chercher un refuge dans les villes et les campagnes autour de Nancy, alors vivement pressé par Charles-le-Téméraire. Un grand nombre d'ennemis furent massacrés dans les maisons et dans les rues ; plusieurs furent précipités du haut du pont, attachés cinq ou six ensemble, et à coups de piques, on les enfonçait dans l'eau jusqu'à ce qu'ils fussent noyés. Beaucoup s'étaient refugiés dans l'église ; mais la sainteté de l'asile ne leur fut d'aucun secours ; les portes furent enfoncées, et les ennemis égorgés jusque sur l'autel du saint, dont ils tenaient la statue embrassée. Cette horrible vengeance n'était que les représailles des cruautés des Bourguignons.

Le 4 janvier suivant, le duc de Lorraine arriva à St-Nicolas avec les Suisses et les Allemands dont il était allé implorer le secours. C'était aussi là le rendez-vous des garnisons qui avaient résisté aux attaques de Charles. A minuit, un fallot fut allumé au haut de la lanterne du clocher de l'ancienne église, pour avertir les fidèles défenseurs de Nancy, que bientôt ils allaient être délivrés. Les habitants de St-Nicolas accueillirent avec empressement leurs libérateurs ; des tonneaux furent transportés dans les rues, défoncés et offerts avec joie aux soldats de René. Le matin, toute l'armée entendit pieusement la messe, puis se mit en route accompagnée des vœux de toute la population. Quelques heures après, la bataille se livrait, et Charles expiait par sa mort son excessive ambition.

En 1552, lors du fameux siége de Metz par Charles-

Quint, Albert de Brandebourg, du parti de l'empereur, s'empara de Pont-à-Mousson, et quoique chassé une fois par la Vieilleville, il parvint à reprendre la place et à s'y maintenir jusqu'à la levée du siége. Il faisait de là des incursions dans la Lorraine. Le duc d'Aumale l'attaqua près de St-Nicolas, à peu de distance de Fléville et de Ludres ; mais la fortune lui fut contraire. René de Rohan et environ cent gentilshommes y laissèrent la vie, et le duc d'Aumale fût emmené prisonnier.

Un grand honneur était réservé à St-Nicolas, c'était d'y voir la première imprimerie qui ait été établie en Lorraine. En 1503, un prêtre, nommé Pierre Jacobi imprimait les Heures de la Vierge. En 1518, de ses presses sortait un poëme composé sur un sujet lorrain ; c'était la Nancéïde de Pierre de Blaru.

St-Nicolas devait être témoin d'une œuvre bien plus grande encore et accomplie par l'énergie et la persévérance d'un simple prêtre. L'église ancienne n'était plus suffisante pour contenir le nombre toujours croissant des pélerins. En 1494, un prieur du lieu, Simon Moyset, jeta les fondements de l'église actuelle, aidé par les ducs René II et Antoine, secouru par de nombreuses quêtes faites en Allemagne et en Suisse. Moyset avait déjà très-avancé son œuvre, lorsqu'il mourut en 1520. Il fut enterré au pied de l'autel ; on plaça sur lui une pierre tumulaire avec son portrait et une inscription qu'on peut lire encore sur un des piliers à droite de la basilique. Cinquante années après la pose de la première pierre, l'édifice était achevé. René avait fait paver le chemin qui conduit de St-Nicolas à Viterne, pour faciliter le transport des pierres qu'on tirait des carrières de ce village. La ville de Metz fournit les pierres pour le pavé, on les amenait par eau depuis cette ville jusqu'à St-Nicolas.

La basilique de Simon Moyser, construite dans le style appelé improprement gothique, est un des plus beaux monuments de la Lorraine : ce qui frappe surtout, au premier coup-d'œil, dans cet édifice, c'est la hardiesse et la légèreté de sa construction. Sa longueur est de 84 mètres, sa largeur de 37, son élévation du sol aux voûtes de la nef est de 31 mètres, et du sol à l'extrémité de la tour nord, non compris la flèche de 84 mètres. La tour sud est moins élevée de 2 mètres. Les piliers fort grêles et hardis, presque tous de forme différente, ont plus de 28 mètres d'élévation. La nef forme un coude vers le milieu, de manière à représenter un vaisseau dont la proue et la poupe sont recourbées. Si du bénitier placé au commencement de la nef, on examine l'image de la voûte renversée, les nervures qui s'y entrecroisent figurent d'une manière frappante les pièces nombreuses de charpente qui forment la carcasse d'un navire. Une singularité surprenante, dans la construction de cette église, c'est ce coude dont nous avons parlé ; les uns y ont vu la figure du Christ, dont la tête est penchée sur la croix ; d'autres ont prétendu que la gêne causée par l'emplacement du terrain, en avait été la seule cause ; là-dessus on ne peut faire que de simples conjectures.

L'intérieur du monument ne renferme point de ces chefs-d'œuvre de sculpture qu'on rencontre dans d'autres églises de la même époque. La statue du saint n'est rien moins que remarquable. Il y a cependant un sépulcre où se trouvent plusieurs personnages de grandeur naturelle d'une assez bonne exécution. Les vitraux dont quelques-uns représentaient les armes des principales villes qui avaient contribué à la construction de la basilique, sont dans certaines parties très-endommagés et auraient besoin surtout d'être nettoyés. Les chapelles ne renferment ni autels, ni tableaux dignes de fixer l'attention des connaisseurs. Bien des personnes visitent l'église et ne connaissent pas la partie la plus curieuse de ce monument. C'est la chapelle des fonds baptismaux qui est un véritable petit chef-d'œuvre, pour la grâce et le fini des sculptures. Malheureusement la porte qui y donne accès ressemble plutôt à la porte d'une prison qu'à celle d'un sanctuaire.

L'église de St-Nicolas est classée parmi les monuments historiques de France ; chaque année le gouvernement accorde quelques sommes pour son entretien ; ces sommes sont trop insuffisantes pour les dépenses même les plus urgentes, et pour sauver l'édifice de sa ruine. Il serait à désirer qu'on accordât un peu moins aux monuments rapprochés de la capitale et que l'on reportât un peu plus d'attention sur ceux des provinces éloignées.

L'apogée de la splendeur de St-Nicolas fut sous le règne du duc Charles III. Ce grand prince, pour favoriser le commerce dans ses états, établit deux foires franches à St-Nicolas par lettres patentes du 24 mars 1597. Ces foires avaient lieu le 20 juin et le 20 septembre, et duraient quinze jours chacune, il y créa un conseil de quatre bons marchands appelés consuls. Il fit ouvrir aussi des magasins considérables pour recevoir les marchandises et établit des peseurs, auneurs, jaugeurs et deux courtiers jurés ; ces courtiers devaient avoir un par mille, tant de la part du vendeur que de l'acheteur, sur les marchés faits par leur entremise. Les marchandises n'étaient soumises à aucun impôt ni subside ; les marchands eux-mêmes qui fréquentaient les foires étaient exempts de toutes recherches pour dettes ou autres semblables obligations, pendant l'espace de quinze jours entiers que duraient les foires, dont le commence-

ment et la fin étaient annoncés par le son de la grosse
cloche de St-Nicolas. Les marchandises déchargées
dans les magasins publics, étaient pesées, enregistrées
et placées sous une bonne et fidelle garde ; si elles
n'étaient pas vendues pendant le temps de la foire, le
marchand était libre de les laisser en dépôt jusqu'à la
foire suivante, sans payer, pour cela, plus d'un loyer.
Les commerçants pouvaient négocier en matière de
change, pendant ces foires, par toute place et change
de France, Allemagne, Espagne, Italie, Portugal et
Flandre, sans pouvoir être recherchés desdits changes,
pourvu qu'ils se fissent de gré à gré.

Tant de privilèges avaient tellement accru le commerce de cette ville, qu'au jubilé de 1602, plus de
deux cent mille personnes vinrent à St-Nicolas, où
elles étaient attirées et par l'attrait du commerce et
par leur vénération pour le patron.

La prospérité de Saint-Nicolas ne devait pas avoir
une bien longue durée. Le cardinal de Richelieu,
consultant plus les conseils de la politique que les
intérêts du culte, dont il était le ministre, s'était
allié aux protestants contre la maison d'Autriche.
Charles IV, prince d'une politique versatile, avait
abandonné le parti de la France, pour se ranger du
côté des Impériaux. Le duc de Lorraine battit les
Suédois à Nordlingen, en 1634 : ceux-ci ne tardèrent
pas à s'en venger de la manière la plus cruelle. La

peste et la famine avaient déjà désolé tout le pays ;
ces terribles fléaux exerçaient leurs ravages depuis
cinq ans, lorsque le 4 novembre 1635, les Suédois
et une troupe d'aventuriers, le rebut de toutes les
nations, à la solde de la France, vinrent fondre sur
St-Nicolas, attirés par le désir de la vengeance et par
l'appât des richesses renfermées dans cette ville. Toutes
les maisons furent livrées au pillage : les portes de
l'église furent brisées à coups de hache, rien ne fut
respecté : ces brigands, emportés par leur avidité sa-
crilège, enlevèrent les vases sacrés de la basilique et
de toutes les maisons religieuses. Des hommes et
des femmes s'étaient refugiés dans l'église ; ils les
arrachèrent de cet asile, et à coups de sabre, ils les
obligeaient de déclarer le lieu où ils avaient caché
leurs richesses. Le prieur des Bénédictins, après avoir
été conduit dans plusieurs endroits de l'église de son
monastère, pour indiquer les cachettes où l'on sup—
posait qu'il avait pu recéler les trésors du couvent,
fut mis à une cruelle épreuve ; un soldat le fit tenir
à genoux près d'un quart d'heure, la tête penchée,
le cou découvert, prêt à recevoir le coup de la mort.
Les religieuses de l'Annonciade furent contraintes
de se cacher, ce qui n'empêcha pas quelques-unes
d'entr'elles de tomber entre les mains de ces bar-
bares et de devenir les victimes de leur brutalité. Les
prêtres et les plus notables bourgeois étaient soumis

à la torture la plus atroce ; avec la poignée d'un sabre, on leur ouvrait la bouche, on y introduisait de l'huile et de l'eau, en leur pressant le ventre avec le pied, et en les accablant de coups de sabre et de bâton ; la plupart moururent des suites de ces horribles traitements. Cette cruelle tragédie, comme la qualifie un écrivain contemporain, dura sept jours entiers, sans relâche et sans intervalle. Le 10 novembre, veille de la St-Martin, les Suédois, n'ayant plus rien à piller, mirent le feu aux maisons des bourgeois notables de la cité. Le lendemain, la superbe basilique fut incendiée : le feu était tellement violent, qu'en moins de deux heures, la charpente de la nef etdes tours fut réduite en cendres. Les neuf cloches qui y étaient suspendues furent fondues et le métal se perdit, sans qu'on pût en recueillir plus d'une centaine de livres. Le monastère des Bénédictins fut entièrement ruiné, et les deux tiers de la ville furent démolis ou réduits en cendres. Plus de deux cent soixante personnes périrent par le fer et les mauvais traitements de l'ennemi ; beaucoup d'autres furent enveloppées sous les débris de leurs maisons.

Les reliques de saint Nicolas et une partie de l'argenterie de l'église avaient été sauvées. Les Jésuites et les Bénédictins se prétendirent les possesseurs de ces précieux restes, qui devaient procurer honneur et surtout richesses à ceux qui en seraient les propriétaires. Un long procès s'en suivit : les Jésuites succombèrent , et leur défaite devint l'objet d'une chanson populaire, dont on entend encore souvent le fameux refrain : *Les Jésuites ne les auront pas*, etc.

La peste, qui durait déjà depuis plusieurs années, sévit avec une nouvelle fureur sur les infortunés habitants qui avaient échappés au désastre de leur ville: il ne resta plus un dixième de la population qu'elle renfermait quelques années auparavant. Ce ne fut que long-temps après qu'elle se releva peu à peu de ses ruines ; car en 1710, la population n'était encore que de 658 habitants. Tant de calamités devaient nécessairement ruiner le commerce de cette ville. Le peu de sûreté que trouvaient les commerçants dans un pays continuellement désolé par la guerre , les força à chercher ailleurs une place qui leur présenta garantie pour eux et leurs marchandises. Francfort-sur-Mein devint le rendez-vous des négociants , et depuis cette époque, cette ville a eu le privilège de les attirer à ses célèbres foires. Les successeurs de Charles IV essayèrent vainement de rendre à St-Nicolas son ancienne splendeur; le règne de cette cité était passé. En 1760, Stanislas fit une dernière tentative aussi infructeuse que les autres ; sur la demande des officiers de l'hôtel-de-ville , le roi de Pologne rétablit les foires et confirma les privilèges accordés par Charles III. Malheureusement, les marchands s'étaient habitués à fréquenter d'autres places, et St-Nicolas ne put revenir à son ancien état. Aujourd'hui, il ne reste plus qu'un pélerinage encore assez fréquenté avant la révolution, mais qui n'attire plus guère maintenant que les amateurs de parties de plaisir de Nancy et des environs.

Il y eut peu d'événements marquants, pour la ville, dans la cours du xviiie siècle. Le 19 septembre 1703, Léopold, rétabli sur son trône, par le traité de Riswick, se trouvant à St-Nicolas, reçut les foi et hommage de l'abbesse de St-Pierre-aux-Dames de Metz.

Dans la nuit du 16 au 17 octobre 1740, deux journées d'une pluie torrentueuse, ayant fait fondre les neiges des Vosges, un terrible débordement, tel qu'on n'en avait pas vu de mémoire d'homme, renversa le pont de St-Nicolas et beaucoup d'autres dans la Lorraine; il fut rétabli l'année suivante tel qu'on le voit actuellement. Il est d'une assez belle construction, au milieu s'élève un petit obélisque enrichi d'arabesques. Les abords du pont du canal ont été débarrassés depuis peu des maisons qui gênaient la circulation et étaient cause de fréquents accidents. Malheureusement encore, ce pont est trop étroit et forme un angle trop prononcé avec la voie publique.

En 1710, St-Nicolas n'était que le chef-lieu d'une prévôté dépendant du bailliage de Nancy.

En 1790, en vertu d'un décret rendu par l'assemblée nationale, le 9 janvier de la même année, St-Nicolas fit partie du district de Nancy, et devint le chef-lieu d'un canton qui comprenait 9 communes. En l'an VIII, le territoire de la république reçut une nouvelle division en arrondissements, tout en conservant les cantons ; l'année suivante, la justice de paix de Rosières fut transportée à St-Nicolas, ce qui porta à 25 le nombre des communes qui composent le canton.

Dans les belles années de l'empire, St-Nicolas vit souvent passer dans ses murs les glorieuses phalanges conduites par le grand Capitaine. Par compensation aussi, en 1814, elle vit défiler les nombreuses hordes d'ennemis qui se ruaient sur le sol de la France. On avait construit une redoute sur la petite colline qui se trouve à droite de la route de Nancy, pour arrêter l'ennemi dans le passage étroit qui se trouve au sortir de la ville. Heureusement pour les habitants, que le duc de Bellune renonça à une défense, qui eut peut-être causé la ruine de la cité.

Aujourd'hui, une nouvelle ère de prospérité semble luire pour St-Nicolas ; dans, peut-être, moins de deux années d'ici, les travaux du chemin de fer et du canal, seront en voie d'exécution, sur le territoire de la commune, et ces moyens de communication ne peuvent manquer d'amener quelque prospérité dans la ville.

L'importance de St-Nicolas lui fit accorder des

armoiries, en 1540, par le duc Antoine. A cause du patron de l'église, protecteur des nautonniers, ces armes étaient d'*azur mariné au vaisseau d'or, armé, voilé d'argent ; au chef cousu d'or chargé d'un alerion d'argent.* En 1546, Christine de Danemarck, mère de Charles III et régente de la Lorraine, en reconnaissance des honneurs funèbres que les habitants avaient rendus au corps du duc François Ier, son époux, lorsqu'on le transportait de la collégiale de Deneuvre, au caveau des Cordeliers de Nancy, accorda de nouvelles armoiries à la ville de St-Nicolas. Ces armes étaient d'*un champ d'or, à un navire maillé, huné, cordé de sable, flottant sur ondes d'azur et d'argent, à cinq pièces, au chef de gueule à l'alerion d'argent.* Le titre original, avec les armes peintes sur le parchemin, se trouve encore chez un habitant de la ville.

Outre la basilique, il existe encore plusieurs monuments dignes d'attention. Quelques maisons échappées à l'incendie allumé par les Suédois offrent des sculptures dignes d'être remarquées ; nous citerons entr'autres la maison sur laquelle est peinte une licorne, et une petite niche à l'angle de la rue du Haut-du-Mont, qui remonte à l'époque de la construction de l'Eglise. Sur la place, on remarque aussi quelques maisons dignes d'intérêt, tant pour leur antiquité que pour leurs sculptures moyen-âge.

Simon Moyset ne se contenta pas d'avoir fondé l'église ; car, en 1480, conjointement avec les bourgeois de la ville, il fit bâtir un hôpital destiné à recevoir les habitants malades ; plus tard, on en construisit un petit pour les étrangers attaqués de maladie, lorsqu'ils venaient en pélerinage. L'hospice actuel , sous l'invocation de saint François, est un des plus beaux et des plus vastes du département ; il sert aussi de maison de santé, on y reçoit les aliénés qui peuvent y payer pension. Sous la surveillance de deux médecins, les sœurs de St-Charles y entretiennent un ordre et une propreté vraiment dignes de tous éloges. Depuis quelques années, cet hospice a pris de grands accroissements ; les nouvelles constructions sont de bon goût et appropriées à tous les besoins du service. Les aliénés reçoivent dans cette maison tous les secours et tous les soins que réclame une position digne de pitié et d'intérêt.

Des religieuses de la Congrégation instituée par le père Fourrier, curé de Mattincourt, vinrent s'établir à St-Nicolas, en 1620. Le couvent que les Dames habitent aujourd'hui a son entrée principale sur la grande voie ; il est assez bien bâti et occupe une grande étendue de terrain. L'église en forme de rotonde est d'une construction simple, mais élégante. Les religieuses ont un pensionnat où elles instruisent des jeunes demoiselles.

En 1626, des religieuses de l'ordre des Annonciades, fondé par Jeanne de France, obtinrent du duc Charles IV, la permission de s'établir à St-Nicolas ; elles y firent bâtir un couvent qui, à la révolution, devint propriété particulière : depuis une année, il a été vendu à un nouvel ordre religieux.

Le monastère des Bénédictins fut détruit par les Suédois. Le collége des Jésuites ayant été supprimé, lors de l'expulsion de cet ordre, les bâtiments et l'église furent convertis en maisons particulières.

Des religieux nommés Ambroisiens furent introduits à St-Nicolas par la protection de Charles, cardinal de Lorraine, ils venaient de Milan ; ils ne restèrent que dix ans et retournèrent dans leur patrie.

Il existait aussi un magnifique monument, appelé la Bourse, construit entièrement en pierres de taille, et orné d'un grand nombre de bas-reliefs, représentant des sujets de l'ancien et du nouveau testament. Il ne reste plus aucun vestige de cet édifice remplacé par des maisons construites avec ses débris. Il fut détruit en 1780.

La place était ornée autrefois d'une fontaine entourée d'un grand bassin et surmontée d'un obélisque garni d'arabesques ; le mauvais état de ce monument fit décider sa démolition et son transfert. Elle a été remplacée par une autre fontaine dans le goût moderne, moins élégante, mais plus appropriée aux besoins des habitants.

Le commerce de St-Nicolas n'est plus très-considérable, sans doute, si on le compare à celui des temps anciens; cependant, il est encore assez important, en égard à la population de la ville. Il y existe plusieurs usines de plâtre, où l'on prépare le gypse extrait des carrières de Rosières. La consommation de cet engrais devient tous les ans plus considérable, et tendra toujours à s'augmenter, à mesure que les prairies artificielles se multiplieront dans nos contrées, surtout lorsque les communications par le canal permettront de le transporter à moindre prix, dans des pays plus éloignés.

Il nous reste un vœu à exprimer, c'est que le parvis de la magnifique église, le plus bel ornement de la ville, soit débarrassé de ces maisons qui empêchent de contempler le monument, et que la route royale passe au pied de ces tours gigantesque qui attirent de si loin l'attention des étrangers. Si l'on examine la basilique dans toutes ses parties extérieures, partout on reconnaît les ravages du temps ; si l'on veut conserver ce hardi morceau d'architecture, il faut que la sollicitude des antiquaires se reporte sur lui, et que leurs démarches près d'un gouvernement éclairé fassent accorder les sommes nécessaires à sa réparation, puisque la ville se trouve dans l'impossibilité de pouvoir les fournir.